19 Novembre 1894 V

VENTE

Des Lundi 19 & Mardi 20 Novembre 1894

HOTEL DROUOT, SALLE N° 11

A DEUX HEURES UN QUART

BEAUX MEUBLES

ÉPOQUES ET STYLES

Louis XV, Louis XVI et Ier Empire

BRONZES, BIJOUX, TABLEAUX

Miniatures

Objets de vitrine, Porcelaines, Faïences

Tapis, Peaux de tigres

Me G. BOULLAND
Commissaire-Priseur
26, Rue des Petits-Champs

M. A. BLOCHE
Expert
25, Rue de Châteaudun, 25

EXPOSITION PUBLIQUE

LE DIMANCHE 18 NOVEMBRE 1894

De 2 heures à 5 heures et demie

IMPRIMERIE ARTISTIQUE

E. MÉNARD & Cie

Bureaux et Ateliers : PARIS — 8, RUE MILTON

CONDITIONS DE LA VENTE

La vente sera faite *expressément* au comptant.

Les acquéreurs payeront en sus des adjudications *cinq pour cent*.

L'exposition mettant le public à même de se rendre compte de l'état des objets, il ne sera admis aucune réclamation une fois l'adjudication prononcée.

NOTA. — A partir du **5 décembre prochain,** le Cabinet de **M. A. BLOCHE,** expert près la Cour d'appel, sera transféré au **28, rue de Châteaudun, 28.**

Paris. — Imp. artistique E. Ménard & Cie, 8, rue Milton

Objets d'Art et d'Ameublement

1 — Commode en bois d'acajou garni de bronzes, dessus en marbre gris, Ier Empire.

2 — Guéridon en bois d'acajou pied forme lyre, Ier Empire.

3-4 — Deux statuettes anciennes de femmes, en bois sculpté.

5 — Petit chiffonnier à sept tiroirs en bois de rose, entrée de serrures et montants en bronze, dessus en marbre brun, époque Louis XVI.

6 — Applique ancienne en bois sculpté, formée par deux sirènes.

7 — Commode en bois d'acajou garnie de filets de cuivre, époque Louis XVI. Dessus en marbre gris.

8 — Secrétaire analogue.

9 — Bureau cylindre à double face en acajou garni de filets de cuivre, dessus en marbre blanc et galerie ajourée, époque Louis XVI.

10 — Secrétaire en bois de rose, montants et entrées de serrures en bronze ciselé et doré, dessus en marbre rouge griotte, époque Louis XVI.

11 — Console d'entre-deux en bois d'acajou garni de perlés en bronze, dessus à galerie en cuivre ajouré et marbre blanc, époque Louis XVI.

12 — Baromètre avec cadre en bois sculpté et doré, époque Louis XVI.

13 — Deux appliques à deux lumières en fer forgé et repoussé.

14 — Paire d'appliques en bronze ciselé et doré, époque Louis XVI.

15 — Meuble d'entre-deux formant bahut en bois doré et aventuriné, garni de cuivre, décor genre vernis Martin, style Louis XV.

16 — Vitrine forme chaise à porteurs en bois sculpté et doré, style Louis XV.

17 — Petite table genre vernis Martin, fond vert à sujet Watteau, style Louis XV.

18 — Bureau plat en acajou, orné de cuivre, époque Louis XVI.

19 — Bureau à cylindre en acajou orné de cuivre, dessus en marbre blanc Louis XVI.

20 — Commode formant bureau à dos d'âne en bois d'olivier, époque Régence.

21 — Table en noyer Louis XVI.

22 — Deux chaises en noyer sculpté couvertes en tapisserie d'Aubusson à fleurs, époque Louis XVI.

23-24 — Deux tabourets en bois laqué vert et or, couverts en damas de soie rouge, époque Louis XVI.

25 — Baromètre en bois sculpté et doré, époque Louis XV.

26-33 — Huit glaces Louis XV, cadres en bois sculpté et doré (seront vendues séparément).

34 — Douze assiettes en faïence des Abruzzes, dessin à figures.

35 — Soufflet en noyer, sculpté de petites figures, couvert en velours rouge.

36-37 — Deux bibliothèques en palissandre ciré et sculpté.

38 — Meuble cabinet à tiroirs Louis XIII.

39 — Buffet.

40-41 — Deux petits cabinets.

42 — Commode Louis XVI, en acajou, avec cannelures et galerie en cuivre; dessus en marbre blanc.

43 — Grande armoire de style gothique, en chêne sculpté, avec vantaux en glace.

44 — Jolie paire d'appliques, de style Louis XVI, en bronze ciselé et doré, formées de cariatides de femmes.

45-46 — Deux groupes formant pendants, en bronze patiné, sur socle en marbre vert de mer, représentant un faune et une bacchante.

47 — Paire de chenêts, de style rocaille, en cuivre giselé.

48 — Paire de flambeaux en bronze, patine verte, formés de figurines de femmes ; dans le goût de l'Empire.

49-52 — Lot d'épées, sabres et armes de théâtre. (Sera divisé).

53 — Jumelle de théâtre en métal argenté et en émail.

54 — Cartel en bronze, style Louis XV.

55 — Paire de lampes en bronze doré sur socles en marbre griotte.

56 — Paire d'appliques en bronze doré à cinq lumières.

57 — Paire de chenêts en bronze à rocailles, époque Louis XV.

58 — Lustre en bronze doré et cristaux à douze lumières, époque Empire.

59 — Mandoline ancienne.

60 — Guitare ancienne.

61 — Pendule en bronze doré surmontée d'une figurine; bacchante, époque Louis XVI.

62 — Brûle-parfum en bronze dore et ajouré, époque Enpire.

63 — Six pots à crème en porcelaine vieux Paris, fond blanc à fleurs.

64 — Flacon à thé en vieux Japon polychrome.

65 — Vase en faïence de Nevers fond blanc, jaune et vert, décoré d'un ballon.

66 — Grande cafetière en grès noir, monture argent.

67 — Encoignure de forme cintrée, ouvrant à une porte en laque ancien, décor, paysage chinois à rehauts d'or sur fond noir, garnie de bronzes dorés rocailles, dessus de marbre, époque Louis XV.

68 — Encoignure en bois de rose, ouvrant à deux portes, entre-deux à cannelures de cuivre, dessus en marbre, XVIIIe siècle.

69 — Bureau à la Tronchin en acajou garni de cuivre, époque Louis XVI.

70 — Table à coiffer en bois rose et palissandre, milieu en marqueterie renfermant à l'intérieur des accessoires de toilette en vieux Strasbourg et en verrerie ancienne, XVIIIe siècle.

71 — Joli petit couteau, manche en bois sculpté, XVIe siècle.

72 — Boîte à charnière, forme coquille en écaille, couvercle en posé d'argent, époque Louis XV.

73 — Boîte à charnière, forme coquille en écaille, le couvercle orné d'incrustations représentant des personnages de la comédie italienne,

74 — Boîte forme fruit en ancien émail cloisonné de Chine, fond jaune à fleurs. Pièce curieuse.

75 — Boîte ronde en bois finement sculpté, dessus à corbeille de fleurs. Travail attribué à Bagard de Nancy.

76 — Aumonière en velours rouge brodé d'argent doré. XVIIe siècle.

77 — Crosse de vielle, forme cariatide de femme en bois sculpté, époque Louis XIV.

78 — Poudrière en bois sculpté, décor à médaillons et ornements, XVIIe siècle.

79 — Service de voyage : fourchette et cuiller en fer dans un étui en cuir rouge doré au petit fer, époque Henri II.

80 — Paroissien ayant sans doute appartenu au Roi, d'après inscription en page, avec gravures et calendrier de 1738 à 1758 en tête. Reliure en maroquin posé d'argent, XVIIIe siècle.

81 — Quatre pièces : Écussons en bois sculpté ; bague de mariage en ivoire ; petit cadenas en fer, XVIe siècle.

82 — Boîte en étoffe brodée du XVIe siècle.

83 — Bague camée dur tête de Socrate entourée de marcassites.

84 — Encrier en argent avec plume en or et portemine, dans son écrin en galuchat, époque Louis XVI.

85-86 — Deux boucles en argent, époque Louis XIV.

87 — Étui de nécessaire en nacre finement gravée, décor au trait rouge, imitant la damasquinure, époque Louis XIV.

88-90 — Trois éventails du temps de Louis XVI, feuilles à sujets allégoriques, trophées et guirlandes, montures en ivoire rehaussé d'or. (Seront vendus séparément.)

91 — Paire de chenêts en bronze, partie dorée, style Louis XVI.

92 — Beau groupe en bronze sur socle en marbre cypolin de Mathurin Moreau.

93 — Buste en bronze, Madame Dubarry.

94 — Paire de bras d'applique, forme carquois en bronze doré à trois lumières, style Louis XVI.

95 — Petit buste en bronze : La Jeunesse, de Céribelli.

96 — Encrier en bronze doré, sur socle en marbre, style Louis XVI.

97 — Paire de vases en marbre montés en bronze.

98 — Petite pendule en bronze surmontée d'un groupe: Vénus et l'Amour, sur socle en marbre blanc.

99 — Paire de grands candélabres formés par des statuettes de femmes, style Louis XVI.

100 — Paire de bouts de table en bronze doré, slyle Louis XVI.

101 — Paire de girandoles en bronze argenté, style Louis XVI.

102 — Bouddha en bois sculpté ancien du Japon.

103 — Paire de vases en porcelaine du Japon.

104 — Vase en ancienne faïence de Chosenyaki.

105-106 — Deux bouteilles avec bouchons en faïence de Kutani.

107 — Paire de vases en bronze du Japon, anses formées par des enfants.

108 — Paire de potiches en porcelaine de Chine, décor à personnages en bleu sur blanc.

109 — Paire de potiches en porcelaine flambée, fond rouge haricot.

110 — Jardinière en porcelaine du Japon.

111 — Paire de potiches de Canton, décor à personnages.

112 — Petit Koro en bronze.

113 — Garniture genre grec en bronze du Japon.

114 — Groupe de chimères en faïence flambée.

115 — Porte-bouquet formé de trois poissons.

116 — Koro du Japon, décor à personnages.

117 — Paire de vases en bronze de Kaga.

118 — Tapis de Chine.

119 — Malle en bois de camphre.

120 — Garniture de cheminée en bronze et marbre formée : d'une pendule et deux coupes.

121 — Paire de flambeaux en métal argenté.

122 — Deux torchères en bronze doré.

123 — Paire de grands vases en porcelaine.

124-125 — Deux brûle-parfums en bronze doré émaillé.

126 — Assiette en porcelaine de Vienne.

127 — Couvert de trois pièces en porcelaine de Saxe, lames en argent doré.

128 — Bergère Louis XV garnie soie de l'époque.

129 — Boîte nécessaire Louis XV, en laque noire et or.

130 — Paire Girandoles Ier Empire.

131 — Carré étoffe ancienne brodée or et soie.

132-134 — Trois peaux de tigre.

135 — Tapis d'Orient fond crême, motif au centre, bordure polychrome.

Bijoux, Argenterie, Miniatures

136 — Paire de boutons d'oreilles, formés de deux brillants solitaires.

137 — Plat en argent.

138 — Montre en or.

139 — Peigne en or orné de lapis, diamants et perles fines.

140 — Epingle en lapis et diamants.

141 — Collier en perles fausses orné de trois brillants.

142 — Paire de boutons d'oreilles formés de deux turquoises fines, entourées de vingt-quatre brillants.

143 — Paire de boutons d'oreilles formés de deux brillants solitaires.

144 — Bague marquise en brillants, rubis et saphirs.

145 — Bague jumelle en brillants, ornée d'une perle fine.

146 — Bague enrichie d'une émeraude entourée de treize brillants.

147 — Bague formée d'un rubis entouré de huit brillants.

148 — Bague enrichie de six brillants et six rubis.

149 — Bague ornée d'un saphir et douze brillants.

150 — Broche en brillants ornée d'une pendeloque perle fine.

151 — Broche composée de quatre brillants et cinq perles.

152 — Epingle trèfle en brillants, saphirs, rubis et émeraude.

153 — Epingle ornée de diamants et deux perles fines.

154 — Broche ronde ornée de perles et de turquoises fines.

155 — Miniature rectangulaire sur ivoire : portrait de Mme Récamier, d'après GÉRARD.

156 — Miniature ovale sur ivoire : portrait de la reine Marie-Antoinette assise, tenant un livre à la main, d'après HINSIUS.

157 — Miniature ronde sur ivoire : Mme de Montesson.

158 — Miniature ovale sur ivoire : Marquise de Castellane, d'après GAINSBOROUGH.

159 — Miniature ovale sur ivoire : portrait de Mme Dugazon.

160 — Miniature : Portrait de Marie-Antoinette, cadre en bronze doré à fronton.

161 — Miniature : Le Coucher des ouvrières en modes, cadre bois sculpté à fronton.

162 — Miniature : Portrait d'artiste avec fleurs au corsage.

163 — Miniature : La Coquette, dame dans un boudoir.

164 — Miniature : Portrait de jeune comtesse avec chapeau à plumes.

165 — Miniature : Dame dans un salon tenant un médaillon.

TABLEAUX

166 — BAEST. *La fileuse.*

167 — COUSIN. *La partie d'échecs.*

168 — DELAHAYE. *Portrait de femme de l'époque Louis XVI.*

Cadre ancien, bois doré.

169 — DELAMAIN (PAUL). *Intérieur de café arabe.*

170 — DUPLESSIS (attribué à). *Portrait présumé de son père, le célèbre chirurgien.*

171 — GABÉ. *Paysage.*

172 — GALLI. *Paysage.*

173 — GÉRARD (Mlle MARGUERITE). *La prière.*

Jeune femme en buste, les mains jointes, les yeux portés vers la terre, simplement vêtue d'une chemise, coiffure blonde à longues boucles. Beau tableau.

174 — LANCRET (attribué à). L'hiver. *Scène de patineurs.*

Joli dessus de porte en camaïeu bleu. Cadre ancien bois sculpté et doré.

175 — LE COUTURIER (E.). *Intérieur de ferme.*

176 — LESUR (V.). *Tête de petite italienne.*

Signé et daté 1885.

177 — MASSON (P). *L'Éducation de l'amour.*

178 — MASSON. *Nymphe dans un bois.*

179 — MIGNARD (attribué à). *Deux enfants dans un paysage donnant à broutter à un agneau.*

180 — PRUD'HON (école de). *Allégorie au passé et à l'avenir.*

Dessin.

181 — RICHET. *Nymphe.*

182 — SAUVAGE. *Vase de fleurs orné de bas-relief.*

183-184 — SOUTIF (P). *Intérieurs de fermes et bords d'étangs animés de volatiles.*

Deux pendants.

185-186 — VAN KESSEL. *Natures mortes et animaux.*

Deux pendants.

VENTENAT

187 — *Au Luxembourg.*

188 — *Bou-Saâda.*

189 — *Vue d'Algérie.*

190 — *Bernières-sur-Mer.*

191 — *Au travail.*

192 — *Marine.*

193 — *Marine.*

194 — *A Jérusalem.*

D'après un dessin d'Uzès.

195 — VERNET (École de J.). *Marine.*

196 — WATTEAU (Genre de). *Enfants dans un parc.*

Dessus de porte.

197 — WILLETTE (Armand). *Au pôle Nord.*

Dessin au crayon bleu.

198 — ÉCOLE FRANÇAISE (XVIIIe siècle). *Portrait présumé du comte de Charny.*

Pastel.

199 — ÉCOLE HOLLANDAISE. *Vue de ville.*

200 — ÉCOLE MODERNE. *Femme à la fenêtre.*

201 — ÉCOLE MODERNE. *Lendemain de Mi-Carême.*

202 — ECOLE MODERNE. *Portrait de Femme Louis XV.*

Cadre en bois sculpté.

203 — *Bergère à la fontaine.*

Gouache. Cadre en bois sculpté.

204 — *Pastorale.*

Gouache. Cadre en bois sculpté

www.ingramcontent.com/pod-product-compliance
Ingram Content Group UK Ltd.
Pitfield, Milton Keynes, MK11 3LW, UK
UKHW020541180726
13839UKWH00006B/2642